시어의 경이로움에 입문한지 십년,
깊은 감사와 더불어 삶의 불씨인
'사랑'과 '꿈'을 선물하고 싶었습니다.
즐거운 성탄과 새해가 되길 소망합니다.
사랑하고 축복합니다.

드림

황성주 시선집

내 마음에 뜨는 별

황성주 시선집

내 마음에 뜨는 별

발견

책 머리에

내게 있어서 시는 소년으로 돌아가는 통로이다. 평생 자연인, 자유인을 꿈꾸는 것이다. 사랑으로 모든 것을 품는 것이다. 지순한 첫사랑을 회복하는 것이다. 인생의 버킷 리스트를 이루는 훌륭한 대안이기도 하다. 시는 나 자신이 창조의 원형으로, 하나님의 형상으로 변화되기를 희구하는 것이고 절대희망을 노래하는 것이다.

시는 끝없는 자기 성찰을 요구하기에 나를 겸손하게 만드는 도구이자 인생의 숙제이다. 한번은 김남조 시인이 시 전체를 훑어 보며 사랑어린 마음으로 격려하면서 '황박사의 시엔 치열한 자기 고뇌와 응축이 부족하다'고 지적해 주신 것에 감사한다. 내 취약점과 연약함을 알기에 주님께 더욱 감사하게 된다. 친형님인 황학주 시인에게도 감사한다.

황 성 주

차례

2

3

1

개나리

길 모퉁이 개나리꽃
시집간
누님이 입던 노랑저고리가
벌써 봄의 온도를 맞추고 있다

개나리 개나리
소꿉장난 시절
집어서 날리던
노랑 색종이로 하늘가를 흐른다

소년 시절
설날에 띄우던
노랑 연처럼 빙점을 깨우고

연애 시절
함께 날리던
노랑 풍선이 되는

개나리꽃

온통 세상이 개나리꽃 세상인 오늘
화사하기가 이를 데 없다
따스하다

물안개

금강 둑방길
이른 아침
서리와 햇살과 물안개
서로 몸을 비비고
갈색 덤블 사이
봄나물이 뛰어들고
푸르름이 길을 넘어온다
논두렁에 덮인
잡초들이 이렇게 아름답다
강아지와 함께 산책하는 길
안갯속
강물은 말없는 청중
기품있는 신사
꿈꾸는 소년이 된다

유채꽃 아씨

클로버를 닮은
네 잎 유채꽃
잠자는 숨결
오늘 아침
그대의 모습

연두색 치마에
노랑저고리
바다를 머리에 인
신혼 무렵
그대의 모습

여우비 햇살에
터트려진 꽃망울
첫키스에 깜짝 놀란
처녀 시절
그대의 모습

꽃길

실크 스카프처럼
날리는 꽃잎
핑크빛 벚꽃 향
꽃잔디 이랑 사이에
꽃길이 달린다
이슬 머금은 철쭉
다홍치마처럼 펼쳐지고
높푸른 하늘로
함박눈처럼 날리는
사랑의 편지
오래된 사연을 담았네

연분홍 진달래

불곡산 자락
연둣빛 봄이
그물처럼
온 산하를 덮는다
엄동설한 막 피워낸
군불처럼
나지막이
산자락을 태우는
연분홍 진달래
신부의 열망처럼
꽃잎은 열리고
손을 펼쳐든 엄마의 숨결처럼
꽃술은 부드럽네
봄을 배달하는 우체부의 자전거가
온 산을 휘젓고 다니네

신부의 열망처럼

꽃잎은 열리고

청계산 매바위

언젠가 본
고흥 바닷가 형님집
사진작품처럼 늘어서서
꽉 찬 나무들
나 몰라라 누워 있는
유치원 아이들처럼
팔들을 펼치고
어느 먼 별에서 오는
아직 발음되지 않는 언어를 기다리며
한여름 밤의 꿈을 꾸고 있나 보다

여름바람 꿈길을 따라
잎사귀를 흔들며
나무들은 그 존재를 증명한다
먹구름 속 하늘은
좁아지고
안개가 푸르름 속에

갇힌다
아 쏟아지는 소낙비꿈에서 깨어난 나무들이
빗방울을 받으며 빗방울을 밀어내며
인간의 마을로 내려가고 있나보다
싶었다

내 마음에 뜨는 별

언어가 없는 밤

콜로라도의 끝자락
산 후안 산맥의 등줄기
꿈 빚는 소리에
눈이 큰 자작나무가
부스럭거리며
기지개를 편다
키 큰 더글라스 소나무도
같이 밤잠을 깬다

우주의 중심에
내가 서있다

은총의 그물망이
좁혀오는 밤
밤송이 따듯

빛을 따는 망태기가
손 안에 있다
별 하나 만으로도
행복한 밤에
은하수가 펼쳐진다

깊은 우주에서
맑은 별들을 보며
소년은 과학자가 되고
소녀는 시인이 된다
둘이 손잡고 우주를 거닌다

보석 같은 별들이
되살아나는 밤
킬리만자로 산맥의 별
귀마라스 섬의 별
시나이 반도의 별

고비사막의 별
우유니 소금바다의 별
파타고니아 고원의 별에 이어
텔루라이드 언덕의 별이
내 마음에 뜬다

많은 사람을 옳은 데로
돌아오게 하는 자는
영원토록 별과 같이 빛나리라*

* 다니엘서 12:3

옥수수 밭

둔내 언덕배기에
가지런히 붙어
모두가 우등생인 꼬마들

고운 속살 내비치며
그냥 살아가는 옥수수 친구들

폭포소리 시냇물
폭풍같은 실바람

낮에도 보이는 별빛
밤에도 따스한 햇빛

모두 모여
옥수수의 삶이 되고
밥이 된다

텔루라이드

공룡 등뼈 같은
산 후안 산맥의 옷자락에
가을 사랑에 노랗게 물든
산중 마을 텔루라이드가 살짝 걸쳐있다

세상이 잠든 사이
청아한 우주가 태어났다
자작나무는 꿈을 향해 솟아오르고
맑은 별들이 하나씩 내게 다가온다
야곱의 사닥다리를 마음에 걸치고
에스겔의 경이를 연습한다

절대시간의 계곡에서
빛의 근원을 캐고 있다
별 헤는 밤, 꿈꾸는 새벽에
더 높은 곳에서
속 깊은 우주를 바라다본다

뜨거운 열정도 서리처럼 하얗게 정제되고
곰도 사슴도 여우도 잠든 사이
밤의 클라이맥스에
하늘은 파랗고
산동네엔 황금빛 물결이 출렁인다

자기성찰의 절대공간에서
별들은 사랑을 꿈꾸고
우주의 온도는 높아만 간다

티티카카 호반

어머니의 언어처럼
뜻 깊고 정갈한 호수

세계 유일의
청어가 사는 담수호에
눈먼 새떼들의 순수가 녹아있다

노아의 홍수 이전
원시 바다를 펴올린 호수에
생수 같은 사랑이 떠 있다

야생마 바람이
나그네의 고독을
갈잎 뱃길로 몰아넣는다

송어구이가 유난히 맛있는
섬 식당에

옛 총각들의 퉁소 소리가 가득하다

두레박 같은 섬에 가니
파피루스 양탄자로 깔린 길이
수줍은 소녀의 미소로
열려 있다

해진 뒤 퓨마의 위상이
안데스의 대평원에
평화의 불빛을 가져오고
푸른 물빛은 별빛이 된다

내 마음의 벚꽃

꽃이 열리고
꿈이 열리고
마음이 열리는 날

종일 빛을 머금고도
봄의 속도에 숨고
어제 맞은 단비에도
봄의 꽃잎은 겸손하다

꽃잎 널린 양탄자가
설익은 현재 속으로 펼쳐지고
연둣빛 세상을 열망하던
서럽고 애닯은 새들이
봄볕에 겨워 노래하고 춤춘다

조팝나무 밟고
개나리 머리에 인

꿈의 영토

갈대만 노랗고 주변은 푸르다

하늘이 열리는 날
사랑이 열리고
나도 춤추리라

하늘 꿈길에서 본
내 마음의 벚꽃
꽃길에서도 본다

쓰디 쓴 시간

곱디고운 인생길

인생길

두 알의 불씨
사랑과 꿈

하나는 횡으로
하나는 종으로
생의 직물을 짜다

쓰디 쓴 시간
곱디고운 인생길

님의 소리

달과 숨바꼭질하는 서후리의 밤
달무리 속 세상
쌓여진 지혜
지극히 깊은 고요
계곡의 물소리
소나무 한 그루의 품격
그분의 속살이 비치는 밤

추수를 기다리며

메꽃이 피어나는
야생화의 계절에
미국의 한복판 캔자스 레바논의 들판에 해가 뜬다

밀밭에
하얀 소금이 뿌려진다

추수를 기다리며
뉴욕의 베이글
캘리포니아 피자
파네라의 아침을 맞는
새 꿈이
불쑥 솟는다

가을의 열매를
미리 맛보는
만물의 익어감이

그토록 새로운 아침

벌판에 진영을 이루는
건초더미의 존재가
세월의 의미를 풀어낸다

산들바람이 폐부를 스치며
홀연히 사랑이 뜬다
밀려오는 붉음이 만물을 평정한다

모든 것이 선물로 느껴지는
편안함을 느끼는 시간이다

평창강

오늘 산책길은 꽃길이다

초롱꽃
수염패랭이
감자꽃
찔레꽃
데이지
달맞이꽃

태기산에서 흐른 물
치악산에서 흐른 물
같이 만나
사랑의 꽃을 피우고
온 돌을 하얗게 만드는
평창강이
마음에 흐른다

네 아이와 함께 춤을

이맘때면
추억 여행을 한다

긴 겨울을
꿈의 동아줄로 엮어내어
마침내 이겨 낸 사랑이야기
따스한 함박눈이
천사들의 날개를 훔치듯

'주님 생일 축하합니다'
청도 하음 정음 하준 네 아이와 함께
흥겨운 가락에 창조하며
춤추며 행복해 하던 우정이야기

이맘때면
썰매놀이 하던 아이들이
귓가에 맴돈다

날아라 캔디

날아라
캔디
은빛 날개로

괴로워도 섭섭해도
너는 안 울어

갑자기 날라 온 조약돌에
쉽게 맞지 않아

풋사랑에 걸려 넘어져도
다시 일어나

화려한 장미꽃 가시에도
전혀 안 찔려

달려라

캔디
힘찬 가슴으로

넌 달콤함으로
모두를 살맛나게 해

고운 아이들에게
새 힘을 공급해

지친 환우들에게
멋진 꿈을 공급해

사르르 녹아져
사랑 주는 기쁨
내가 죽고 남을 살게 해

나일강 소묘

바다보다 더 바다같은
깊은 강
하늘보다 더 속깊은
푸른 물빛

꿈보다 더 고운 꿈이 샘솟고
사랑보다 더 수려한 사랑에 젖어드는
나일강 삼각주

하마 악어 물소가 모여
마음을 씻는 광활한 목욕탕

수초에서 밀어낸
하얀 거품이
영혼의 때를 벗겨내며
거대한 굉음을 쏟아내는
머치슨 폭포로 향한다

오늘도
꿈결같이 흐르는 강에서
거룩한 생을 희구하는
동아프리카의 새 떼가
사랑의 노를 젓는다

영혼의 추수를 서두르는
절대기쁨의 시간들이
님의 다시 오심을 열망하며
온 우주를 삼킨다

창대한
비전의 날개를 단
밝은 이로미안들이
동 아프리카 구석 구석에
따스한 꿈을 심는다

다윗 이야기

기름 뿔병으로
왕이 된 목동
몸종에서 용사가 되네
음악치료사의 삶에서
공주를 아내삼은
왕족의 품격으로 바뀌었네
왕업을 종업으로 삼은 일생

그분은 중심을 보신다

평화 마을

채환이가 사는
망미골엔
주섬 주섬 벚꽃이 핀다
집집마다 벚꽃 독립군이
점박이 강아지처럼
온 동네를 뛰어 다닌다
산등성엔 벚꽃 연합군이
분홍색 저고리처럼 수수하게
마음을 녹인다
어느 봄날 저녁
아이찾는 애절한 엄마 손에
연두빛 꿈이 차오르고
하늘 사랑이 폐포에 스며드는
평화마을이다

과일 바구니

추운 가을날
새벽언저리에
별들이 총총한 크레스티드 뷰트
깊숙한 콜로라도의 산골에서
며칠 전 꿈을 떠올린다

첫 꿈은 기도의 거름으로
피어난 꽃의 축제
다음 꿈은 사랑의 수고로
가득 채운 추수의 열매

잃어버린 영혼들을
가득 담은
과일 바구니가 보인다

90일 동안 사랑을 먹고 마시며
이제 큰 사랑을 펼친다

눈과 눈이 마주치니
마음의 불화로에
사랑의 불꽃이 인다

불꽃의 온기에
익을대로 익은
자작나무들이 갈채를 보낸다

'사랑합니다'

'사랑합니다'

'사랑합니다'

명조체로 아로 새긴

무수한 노란 손수건이

캠퍼스 곳곳에 휘날린다

기다림 1

밤새우다
날새우다
기다리다 못해
공간의 한 점에서
가슴속 우주로 파고든 시간

인생을 통째로 옮겨
거듭나게 한 말씀의 추억들
독수리같이
청춘을 새롭게 했던
영혼의 노래들이 들린다

강진 바닷가
사람 낚는 어부의 추억들
시편 23편 펼쳐진
대관령 목장의 광활함이
선한 목자의 삶으로

시간을 적신다

날마다 존재 이유를 캐내는
비샬네 망고나무와
헤브론의 포도나무
주변의 잃어버린 얼굴들이
삶을 단순화하고
모든 사물을 정결케 한다

영성의 신비로움으로
공동체의 아름다움으로
귀결되는 오직 한 길
직선의 삶이 풍요롭다

영롱한 눈빛에서
사랑의 무지개가 뜨고
사슴의 자태에서

백합의 향기를 품어 내는
소녀의 얼굴이
유난히 작아 보이는
고즈넉한 저녁

윗입술 아랫입술
사이로
별처럼 찬란하게
폭포수같이 쏟아지는
꿈의 단어들

'사랑합니다'
'사랑합니다'
'사랑합니다'
명조체로 아로 새긴
무수한 노란 손수건이
캠퍼스 곳곳에 휘날린다

천국 소풍

아이야
콜로라도로 가자

꿈의 노랑색 세상
자작나무 숲 속으로
흥겨운 춤사위와
천진난만한 웃음이
형형색색 단풍에 녹아져 있다

킹덤드림센터의 아이들
시온이의 장난기 어린 눈빛과
다혜의 싱그러운 미소가
유난히 사랑스런
콜로라도의 들판
블랙 포레스트

엄마야

천국 소풍 가요

꿈으로 채워지고
사랑으로 빚어진
한 폭의 수채화
몽당연필 같은 삶이
장엄한 붓의 필치로 바뀌며
시간의 물감 속에 헤엄을 친다

겹겹이 세월을 담은
색동 저고리
곱게 차려입은 아이들이
손에 잠자리채를 들고
꿈의 열매를 따고 있다

유난히 편안한
플라잉 호스의 저녁이 정겹다

찔레꽃

오월의 하늘이 드맑고
안개가 강변에 자욱한 날
무지개 꿈에 젖어
시간이 얇아지는 날
찔레꽃에 마음에 찔렸다
달빛 금강에 기대여
낮에도 밝은 마을을
하얗게 물들였다
구름 속 얇은 태양이
널려있는 꽃잎에
생명을 공급하고
풀벌레 소리는
길고 가느다란 빛에 묻혔다
꽃이름 외우던 처녀의 발길이
고추밭을 지나
비탈길 외딴 집으로 향하고 있다
내일은 기쁨 하나 건질 수 있을까

평창 숲

어느 늦가을
몸이 따뜻해 지는 날
마음의 손을 꼬옥 마주 잡는다

횡성 둔내면에서
십여 리 떨어진 곳에
꿈의 동산
사랑의 샘터인
평창 숲이 있다

으아리 만발했던
군락지 옆 언덕에
펼쳐진 구릉지의 비경

벗과 걸으며
잣나무를 세어 본다

못 이룬 꿈을 세어 본다
받은 축복을 세어 본다

삶의 무게를 재어 본다
사랑의 깊이를 재어 본다

어둠을 밝히는 환한 미소가 더욱 빛나는 날

의사의 꿈

애플 망고 열리는
아프리카 한복판
어느 조그만 마을로 들어가
길이 숨겨진 삶을 살고 싶소

쿠미의 캠퍼스
한 구석에 카페를 차리고
검은 눈빛 얼굴을 맞대며
환한 미소의 삶을 살고 싶소

책상 앞 청진기 혈압계 놓고
사랑어린 눈빛으로
그들의 가슴을 끌어안고
몸을 돌보고 마음을 품으며
가난한 의사로 평생을 살고 싶소

하늘과 맞닿은

은예로 바위산 높은 곳에서
좌절된 꿈의 파편을
마구잡이로 띄워 보내며

달빛 병원 별빛 병실에
은밀하게 가득 가득
치유의 광선을 끌어들이고 싶소

아
자유인으로
사랑의 날개를 달고 싶소

나로 네 눈을 보게 하라

나로 네 눈을 품게 하라

나로 네 눈 속에 살게 하라

몽돌 해변

한 카페에서
우주보다 깊은 눈을
물끄러미 바라본다

눈빛이 아름답다
푸른 빛 바다가 몸살을 앓는다

눈빛이 그윽하다
가을 달빛이 무안해진다

눈빛이 손짓한다
콜로라도 자작나무의 비경
하와이 코나의 불붙는 화산
파타고니아의 은하수 별빛에
심장이 얼어붙는다

나로 네 눈을 보게 하라

나로 네 눈을 품게 하라
나로 네 눈 속에 살게 하라

네 눈동자 같은 몽돌이
마음의 해변에 널려있다

여자의 일생

해가 이글거리는 대낮에
모래시계가 멈춰 선다
사랑니는 더 아리고
가슴에 멍이 퍼렇게 든다

몸통보다 큰 나무더미를 메고
너저리 너저리 온갖 질고를
머리에 이고
전쟁 치르듯
종종걸음으로
치닫는 삶을 수용하며
장터로 가는 아낙네들

거기서 나무더미를 설익은 꿈과
맞바꾸고 싶은 것일까
나귀 한 마리만 있다면
시간의 의미를 바꿀 수 있으련만

시큰거리는 발걸음을
멈추게 할 수 있으련만
고통의 칼날이
시퍼렇게 춤추는 날
아디스 아바바의 하늘은
파래도 파랗지 않다

고요

가을에서 겨울로 가는
바쁜 길목의 보랏빛 바다

엄마의 심장이 파도로 들리는
밤 바다의 고요

아가의 쌕쌕거리는 숨결이
녹아 있는 침묵

사랑의 물결이
생의 대반전이
조용히 일고 있다

타코마
꿈의 해변에서

풋사랑

담쟁이 이파리
피어날 무렵
열다섯 소년을
바보로 만든
소녀가 있었다

도란도란
나누고 싶은 말
속에 꽉 채우고도
가슴앓이하게
만든
단발머리 소녀

곱상한 얼굴에
지성의 빛
릴케
마리아 칼라스

읊조리고
가끔 짓는 미소가
모나리자를 닮은
새싹 같은 소녀

사직공원
단풍나무 숲속
영랑 용아 시비를
청소하다
소녀와
마주친 눈빛
부끄러움의 무게에
고개를 돌리는
맑은 소년

작은 몸짓 하나
바람에 날리는

머리결 하나에
눈빛이 떨리고
지산동 언덕배기에서
처음 본
쌍무지개처럼
소년의 가슴을 뛰게
만든
봄빛 소녀

접시꽃 모자에
목련처럼 곱게
긴 목을 늘어뜨린
소녀를 그리다
못다한 고백으로
바보가 된 소년이
있었다

짐마 가는 길 1

이디오피아 남서부
가파른 고원을 달리다 보니
짐마의 하늘에
밤새 내리치는
은빛 번개
은하수길을 잘라내며
구름 사이로 초승달을
소개한다
밤이 맞도록 길을 막고
볶은 보리 파는 아이들이
나즈막한 강가에서
잠시 삶을 되돌리는 사이
오래전
잊었던 소년의 꿈을 다시 지피우는 사이
잠자리채로 따고 싶은 별들이
우수수 떨어진다
하늘을 꼬옥 닫으며

싱싱한 별들을 배낭에 집어넣는
상상이 즐겁기만 하다

짐마 가는 길 2

짐마 가는 길은
여인들의 길
가느다란 원초적 생명을
숨가쁘게
이어가는 고뇌의 길

머리에 히잡을 쓴
가난한 여인들의 맵고 서러운 길
머리에 장작을 이고 걷는
가냘픈 소녀들의 가시채 길

장터에서 바꾼 곡식을
바싹 마른 등에 메고
노란 물통을
접착제 같은 손바닥에 달고 가는
돌쩍밭 길

바닥난 기다림에 지치고
푸짐한 모정에 목마른
아이들의 눈빛을
발끝에 달며
종종걸음으로 돌아가는 길

브차 아바바의
노란 꽃잎이 하늘을
노랗게 물들이는
여인들의 길

뉴욕만 새벽

차가운 바다가
내 심장에까지
밀려들어온 새벽녘

낮게 깔린 구름 사이에
사랑의 불꽃 타오르고
물오리를 품고 선
쓰록넥 브리지에는
여전히 적막이 감돈다

롱 아일랜드 숲속
아련한 불빛은
시간을 앞지르며
환호성을 지르고

거울에 비친
보라색 자아상이

온갖 색채를 잉태한 채
물결에 춤춘다

리틀베이 공원의 한 모퉁이
실험 인생 하나가
밤새 떨고 서있다

율동 공원

호수가 얼었다
꿈이 묵념을 한다

태초의 땅
시베리아
빙판길을 달리던 느낌표가
몸을 던지듯
방아쇠를 당긴다

노보시비르스크 외곽
자작나무 숲처럼

이르크츠크에 차고 앉은
바이칼 호수처럼

오늘은
뜻이 없고 말이 없다

사랑도 고개 숙인 날
연인들의 발걸음은
커피 한잔의 물음표 속에
함몰되고
훤칠한 갈대숲 사이로
날은 저문다

저만치
요한 성당 십자가가
언 세상을 내려다 보고 있다

정돈의 미학

반듯한 시냇물을 모은
단정한 호수와
정돈된 빛이 만든
찬란한 아침을
녹이고 녹여
시대정신을 만든
깔끔한 도시

아침 햇살이 빗살 무늬처럼
상큼한
발링겐은
빗나간 열정의 삶을
다시 직선으로 만든다

도심에서 살짝 삐져 나온
아무리 봐도 비뚤어진
졸레른 성은

슈바벤 고원의 한 복판에서
생의 불안을 달래며
한눈을 팔고 있다

바로 이 때
예츠 시냇가 산책길
유서 깊은 교차로에서
나무 십자가가 말한다

내려놓아야
생의 정리가 가능하고
버려야
정돈의 삶이 가능해진다

반딧불

고흥 바닷가
다도해의 설움이 짙게 깔리고
모잠비크 해변의 시린 밤이
생각나는 시간에
철없는 어른들이
아해들처럼 꿈을 찾아나선다

용암마을 가는 길
가로등도 없는 곳
내리막 오르막이 반복되는
검은 숲속에
우주발사대의 광염보다
더 찬란한 빛이
작은 생명체의 공허를 채우고
자신을 태워 없애듯
야몰차게 날아다닌다

야속하게 반달의 얼굴은
밝고
바닷바람은 연이어 깨어난다
잠시 푸념을 했더니
다행히 별빛 잠든 사이
잠시 나온 반딧불의 꿈이
각박한 세상을 바닷가까지 몰아내고 있다

새벽 하라레

새벽 하라레
붉은 기운이
구름의 허리를 붙잡으며
플레임 릴리의
붉은 꽃을 바라보고 있다
어머니 품 같은 나무
가지마다 벽화 같은 사랑을 걸어 두었다
나무가 숨쉬는 초록 잔디
자카란다의 보라빛이
파라솔처럼
아침을 보듬어 안는 날
세상에서 가장 맑은 하늘이
세상에서 가장 당당한
나무 사이에 걸려 있는 것이다

새벽 하라레
매혹적인 포즈를 다하여

나무들도 누군가를
섬기기 위해 존재한다고 소리치고 있다
나무 사이 그늘 속
과거를 떠나 보내지 못한
새가 가장 낮게 나는 연습을 하며
미래를 당기고
어린 한 학습자가
물끄러미 보고 있다

은예로 연가

은예로에 바람이 인다

생에 대한 경외감에
넙적 엎드려져 있는
둥근 바위들
싸우던 사람도
어쩌다 쳐다보면
저절로 화해가 되는 양
둥근 화해자들이
빨랫감처럼
망고나무 숲속에
널려 있다

사랑하는 사람들이
동글게 모여
소리 없이
만남의 전설을 숨결에 새기고

떨어지는 별들 사이
둥근 바람이 불면
바위에 눌러 새겨진
사랑 이야기가
둥그렇게 둥그렇게
퍼지기 시작한다

둥근 지구를
더욱 둥글게 하며
창조의 시작을 여는
우주의 배꼽
경이의 절정에
내가 서 있다

내 속 깊은 곳
양떼 구름 이는 영혼의 갈대밭에도
둥근 바람이 인다

아

은근히 향기로 흩날리고

사랑으로 번지는 삶

적취봉 맵시

팔영의 끝물에
도달하니 적취봉
머리결 향기

목선을 타고 오르니
여덟 개의 단단한 성채가
떨리는 가슴을 입힌
분청사기처럼 창파에 얹혀진다
잘룩한 허리는
인고의 숲으로 이끌리고

태고의 바위산 저고리는
이토록 기품있고 청아하다
창조의 옷을 벗는
부끄러운 처녀처럼
물끄러미 서있네

금닭이 울고 날이 새면
다도해 푸른빛 두루마기로
번득이는 칼날 같은 물길
비단길 종아리에 펼쳐지고
영롱한 빛의 무예가
동서남북을 휘감는다

산봉우리가 그물처럼 연결된
꽃섬들 사이
발가락 같은 작은 한반도가
푸르름으로 번져 가네

선머슴 바지 바람은 이리도 세찬데
시간의 사닥다리 중간에
매달린 다도해
산새에 푹 빠진 바다
비취빛으로 코발트빛으로

몸에 딱 맞는 옷감들을
물들이는 중

아
은근히 향기로 흩날리고
사랑으로 번지는 삶
새 꿈으로 물들인 날을
살고 싶다

남만*

코발트빛 바다가
삶의 한복판에 떠있다

파도를 보듬고
이제 막 잠든 소녀가
행복한 잠꼬대로
삶을 저울질할 때

명징한 양털구름 사이에
반달이 노래하고
반딧불이 삶의 여정을
비추고 있다

바람의 시인이 눈을 감고
세월을 탓하며
삶을 발길질하고

다도해 풍랑에 밀려온
찢어진 그물이
삶을 둘러치고 있다

*황학주 시인의 고홍 거처.

파도를 보듬고

이제 막 잠든 소녀가

행복한 잠꼬대로

삶을 저울질할 때

섭지코지

한반도 동쪽 끝에 걸린
푸른빛 옷감

수평선 아래
세상의 실루엣과
수평선 위
하늘의 환타지가
포개지고
꿈결처럼 부드러운
최첨단 옷감을 지어낸다

부서지는 포말을
품에 안기로 작정한 듯
뼛속 깊이
푸르름을 염색하는
인고의 세월

올레길처럼
길다랗게
등대빛처럼
가느다랗게
기억을 파고드는
첫사랑이
휴화산처럼 누워 있다

말은 무심하게 시간을 뜯고
하얀 옷감처럼
떠있는 바다의 배들은
애드벌룬처럼 날아오를 것도 같은
두 개의 세상
그 경계를 순항하고 있다

어느 숲길

제주도 산중
어느 숲길
숨겨진 시간 속에
내가 고립되어 있다

하늘길이 닫히고
낯설디 낯선
밤의 공포에 질린
검은 가로수길은
잠자던 영혼을 일으켜
생의 원점으로 내몬다

조각난 구름 틈새로
조각난 생의 파편들이
내려앉아
숲의 그림자를 이루고

모두가
어두움의 비등점에
도달하기까지
천만금
교만의 멍에를
벗을 때까지
깊어지는 삶을 연습 중이다

한날 실가락 같은
바람소리는
영혼의 배낭을
무겁게 하고
생의 한자락을 들추기라도 하듯
풀벌레 소리는
양심의 호수에
파문을 일으킨다

시계를 뒤로 돌리는
시간의 빙점에 선다면
이제는
결코 어둠을 선택하지 않으리

연해주

푸르름이 이어 달리다
숨가쁜 땅

바다 옆을 달리면서
바다 같은 연해주
은빛 물결 옆에
푸른 물결
그 한복판에
드디어 내가 서다

노골적으로
긴 다리를 노출시키는
철없는 소녀처럼
풀향기 꽃향기 뿜어내는
축복의 공간

정결한 시간 속에

사랑하는 사람과
연두빛 텐트를 치고
영원히
꽁꽁 숨고만 싶다

시베리아에서 불어온
된바람도 쉬어 가는 곳
홍차에 레몬을 섞은 마음처럼
강한 유혹을 풍기는 곳

쉼 속에서
자라고
쉼 속에서
영그러진
푸른 씨앗이
바람을 만난다

마침내
속절없는 세상을 보듬고
속이 터져버린 참깨처럼
속 깊은 꿈을 퍼트린다

사랑과 쉼과 꿈은 동의어다

해운대 깃발

베란다 끝에 매달린
붙박이 바다
사랑의 덫에 걸린 파도가
옥색 치마 주름처럼
다가오는 새벽녘

태종대 끝에 서있는
진열대 구름
시간의 그물에 갇힌 물결이
시루떡 밀가루처럼
부서지는

아 새 날이다
새 하늘과 새 땅이 동조하는
공명의 소리가 겹겹이 펼쳐진
바닷길

나부끼는 생의 깃발이
그리도 가깝게 느껴지는

2

탈레가온

140년 고택을 배경으로
70년 수령의 나무 아래
쉽게 지워질 수 없는
분홍빛 꽃망울이
세상을 물들일 준비를 하고 있다

이름 없이 빛도 없이
한 서양 여인의 목숨 건 봉사로 시작된
텔레가온 커뮤니티 센터
수많은 축제가 하나의 축제처럼 진행 중이다

봄베이와 푸네 사이
데칸 고원 끝자락에 조용한 마을
알폰소 망고가 들어가는 끝물에
청진기에 딸린 관계의 문을 연다

약을 원하는 그들에게

사랑을 처방한다
꿈을 처방한다

다라비 연가

봄베이 복판에 배꼽처럼
푹 꺼져있는
다라비 슬럼가

숨쉬기도 어려운 골목길에
어지럽게 맨발로 미래를 뛰어다니는
아이들의 차고 맑은 에너지가 부럽다

큰 눈망울들이 엉켜
희망이 더욱 큰 희망을 보고
홀로 들어갈 수도
빠져나올 수도 없는 곳에 등대 불빛을 심는다

미로처럼 사연이 얽히고 설켜
한가족이 되어버린
다라비 공동체
호통치는 남자

함성을 지르는 아이들 틈바구니에
편자비 처녀들의 애환과
샤리를 입은 여인네들의 탄식이
깔린 어두움을 진하게 붓는다

여기에
애통하는 기도가 부활하고
삶으로 드리는 예배가 빛을 발한다
이제 어렴풋하게 잡힐 듯한
희망의 끈이
펄펄 끓는 오뉴월 더위
얼어붙은 가슴 언저리를 붙잡고 있다

고흥 일출

새벽과 아침 사이
부산함과 서두름을 여는 해

망망대해 비단폭에
숨바꼭질하다 들킨 아이들처럼
머리를 내미는 머슴 같은 섬들

그 끄트머리에 걸려
진자줏빛 오미자차를 쏟아내는 해
흐릿한 수평선 너머
파도의 거친 숨결에도
일출은 조용하고 곱기만 하다

그곳에서 성장이 멈추어버린 나
말없는 소년으로 되돌아간다

그 끄트머리에 걸려

진자줏빛 오미자차를 쏟아내는 해

콜로라도의 달밤

구름의 산맥 속에
조용한 밤호수
달은 밝고 별은 반짝인다

색동옷 입고
달무리 속을 거닐다
파인 크릭 마을로 내려온
별친구들이
열두 보석을 박은 왕관처럼
여름밤을 수놓고
작은 운동회를 열고 있다

달빛에 붙잡힌 사람들을 품고
콜로라도의 밤하늘을 관통하는
짧은 시간의 흐름에
긴 사연의 편지를 두르고
밤하늘의 필체는 장엄하기 그지없다

아카시아 향

너는 호흡처럼 편하게 느껴지기만 한다
깊은 민트향처럼
온몸을 적신다
영혼을 춤추게 한다
5월의 푸르름을 잠시 멈추게 한
하얀 창백함이 좋다
발길에 부딪히면 터지는
계곡의 맑은 물을 혼절시키는
저녁 개짖는 소리에도 묻어나는 향
나무에 첫눈이 온 것처럼
차갑게 양심을 깨우기까지 한다

봄내음

겨울이 굵은 곡선이라면
그 가느다란 끝은 봄이다
산천초목이 봄의 문턱을 통과하고 있다
그 날의 실전에 대비해
동계훈련 중
치열함을 연습 중
그날의 웨딩을 위해
영혼 깊숙이 숨겨진 상처를 펴내고 있다
그 날의 함성을 위해
목젖을 길다랗게 가다듬고 있다
조용한 대지에 코를 갖다대면
겨울에도 봄내음을 깊숙이 맡을 수 있다

매콩 해돋이

논두렁에 걸린 새벽
안개숲에 해 떠오른다
논에 댄 물이
거울처럼 비추고
숯불처럼 타오르는 해
굵은 창살처럼
꿈을 지피우던 소녀들의
앞길을 가로막는다
메콩강 보이가
시간의 커튼을 열어젖히며
하늘에 매달린 채
너털웃음을 짓고 있다

그날의 웨딩을 위해

영혼 깊숙이 숨겨진 상처를 펴내고 있다

황토길

캅춰라 산골 마을
사랑에 눈뜨는 아침
미끈한 다리가 유칼립투스 나무처럼 고운
서베이족 두 소녀가
재잘거리며 학교를 가고 있었다.
검지만 아름다운
가난하지만 풍요로운
슬프지만 고운 마음이
황토길을 끼고 가고 있었다
땅에 발을 딛고
하늘에 뿌리내린
꿈빛에 새롭다
알을 낳은 닭이 울고
꿈에서 깬 강아지가 짖어댔다

카리브 해변

가지런한 이처럼
곱게 늘어선 야자수들이
진한 그늘을 만드는 아침
카리브 해변에서 일출을 본다

원색이 춤추는 아침
세속에 물들어 비틀거리던
하얀 게 노랑 게 핑크빛 게가

거룩함을 위해
쏜살같이 바다로
뛰어든다

달과 별

요르단의 반쪽 사막
와디 럼에서
북두칠성을 무색케 만드는
반달을 품는다

아 적막이 주는 자유

이 길고도 가느다란
평화의 접경지대가
하늘로 펼쳐지고
베드윈 천막에선
양을 잡고 살림 밑천을 내서
손님 접대를
서두른다

무슬림 여인들의
엷은 미소가 화롯불에

함몰되는 밤

사막의 한복판에서
모래톱을 켜는 나그네가
짝사랑하던 처녀를
쪽배에 실고
뭇별들을 노래한다

앤 아보의 봄

겨울을 떠난 꿈의 행렬이
예쁜 소도시 하나를 세운다

캠퍼스의 밀레니움 무드가
생명을 점화시키고
어설픈 희망의 구석에서
미래의 등불이 켜진다

때이른 햇볕이
명문의 기상과
미식축구의 전통을 묶어
삶의 힘줄을 연단하지 않나

거리에 널린 카페에선
인종 모자이크 군상들의
풋사랑이 묻어나고
꽃길에 늘어서

대화의 꼬리를 잇던
학생들의 눈망울은
가는 봄의 아쉬움으로 가득하다

둥글게 이어지는
푸르른 후론 강이
미시건의 기품을
세상 바깥까지 유통시키는 봄, 봄, 봄

앤 아보는 아직도
굴렁쇠를 돌리는 신의 손길 속에
비밀처럼 쌓여 간다

이스탄불 소묘

탁심 언덕에서
보스포러스를 내려다 본다

구름 보자기로 둘러싼
가느다란 바다가
유럽과 아시아를 나누고
각각의 소명을 분배한다

아타튀르크의 카라스마가
블루 모스크의 허상을 깨트리고
과거를 담은 항아리
술탄 아흐메트 거리에서
잃어버린 꿈을 되찾는다

이슬람을 삼켜버린
세속의 물결이
젊은이의 마음에

수많은 파랑새를 창조해 낸다

문명을 벗기는 사람들이
두터운 인심으로
뜨거운 입심으로
꼬리에 꼬리를 무는
그랑 바자르에는
치즈와 향료가 넘치고
과일 향기를 따라
긍휼을 찾는다

에덴의 땅
싱싱한 아나톨리아와
문명의 땅
지친 구라파를 잇는
보스포러스 브릿지가
은빛 물결에 놀란 채

에게해와 흑해를 가르며
공존의 환상 속을 달리고 있다

거니슨 카운티

그곳엔 낮에도
달이 떠 있다
파란 하늘 저편에
매달린 하얀 달
이름을 지어주고 싶다

그 이끌림에
온 동네엔
사계절의 향기가 동시에 피어나고
착한 모녀의
평화스런 숨소리가
생생한 문장을 이룬다

콜로라도 거니슨 카운티
크레스티드 뷰트
세상에서 가장 편한 동네
백두산 꼭대기만큼 높아서 좋고

깊고 맑은 자태에 놀라
손발이 저린다

자작나무 단풍
막 익어가는 소리가
물소리 산소리 바람소리를 엮어서
함께 들려주는 곳

생명수처럼 맑은 물이
쏟아져 내리는 어느 초가을날

세상을 껴안은
소년이 물끄러미
경이로운 눈빛으로
거니슨 밸리를 내려다 보고 있다

위에서 넘쳐

아래로 흘러가는

단풍 속에서

파란 하늘 저편에

매달린 하얀 달

이름을 지어주고 싶다

레이크 시티

블루 메사 호수를 가로질러
레이크 시티 가는 길
물줄기 따라
산 후안 산맥의 뒤안길을
가다보면 어느새 호수를 만나고
호반에 쌓인
묵은 세월이 단비에 키가 자라듯
겁없이 내게 다가온다

깊은 산골에
빨리 도착한 가을이
자작나무를 염색하고 있다
연둣빛 잎들은 노란 물감에
뛰어들 준비를 하고
반쯤 물들은 잎사귀는
빛의 속도를 재촉한다

물 맑고 빛 밝은
고운 마을 어귀에
자존심 강한 집 한 채가
바위를 딛고 우뚝 서있다
풋풋한 레이크 시티는
아직
덜 사랑받은 아이처럼
미완성이다

기다림 2

고운 처녀가
머리를 내밀고
붉은색 염색을 기다리듯
맑은 아이 설빔으로
색동옷 갈아입을 준비하듯
전쟁 전야처럼
폭풍의 눈처럼
고요의 한복판에
님이 오고 있다

노란 잎사귀 하나 둘 익어가며
배달부의 손에
이미 와있는 선물꾸러미처럼
그토록 짧은 방문이 기다려진다

매미소리도 서글퍼지는 한낮에
무심코 걸어온 나만의 쉼터에서

문득 뒤돌아보니
침묵에 길들여진 산길을 따라
긴 여름의 잔재가
여기 저기 널려 있다

퇴락의 순서를 밟는
잎사귀의 대칭점에
날로 진해지는 이끼의 숨이
비상대기 중인
단풍나무의 폐포에 전해진다

폭풍우에 뿌리 뽑힌 나무에도
설익은 가을의 전설이
일기처럼 씌여 있고
아직 보이진 않아도
전염 속도가 빨라
실핏줄까지 충만한 님의 재취가

사방에 전보를 치며
달려오고 있는 중이다

남자의 계절

더듬이의 촉수로 미래를 보는
안갯속 호젓한 산골
오크 밸리의 가을
청사초롱 불을 밝힌 남천 세 그루가
대평원을 내려다보며
존재 이유를 주제로 묵상에 빠져 있다
누구나
쉽게 사랑에 물들고
시간을 늘려 미래를 밝히며
꿈을 다시 세우는 계절
생의 균형추가 무거워지는 시간들
그래서 가을은 남자의 계절이다

공룡 능선

숨겨진 단풍이
환해진 바위껍질 사이로
공룡의 허리뼈를 휘감고
약속의 땅을
사뿐사뿐 밟는다
바위 틈새 야생화가
사랑을 꽃피우건만
나그네 인생길은 항상 평행선이다
내설악을 품고
외설악을 업은 채
꿈의 능선을 달린다
연둣빛 봄에서
병아리색 노랑으로
연분홍 벚꽃에서
연지 곤지 붉음으로
단풍은 시작부터 총천연색이었음을
이제야 알겠다

전쟁 치르듯
돌아온 산마루 탐방을
마무리하며
범선의 돛대처럼
우뚝 솟은 범봉에 이르니
천하 유람선이 따로 없다
희운각 가는 길
노란 단풍의 초입길에
병아리처럼 어린
무수한 노란 잎들이 초록빛 담벽을
조심스럽게 오르고 있다
그들의 노래는 분명 사랑의 노래이리라
벌거숭이 몸을 물들인 순결한 가락들

고사리 마을

조령관문 가는 길에
“꿈을 이루세요 꿈을” 하고
축복하며
고사리 같은 손을 흔드는
고사리 마을

철쭉 만발한 오월 산간의 채취는
시류를 거스르고
이른 아침
제일 먼저 맑은 공기에 머리를 내밀며
닫힌 가슴을 활작 연
신선봉이 두 눈을 내리깔고
꿈여행의 이탈자들을
감시하고 있다

청운의 꿈을 안고
과거 보러 가던 서생들을

치마폭처럼 감싸던
소나무 백년의 향기가
샛노란 산비탈을 휘감고
조령산 오두막집이
안식의 과거에 응시한
현대의 나그네들을 반기고 있다

산철쭉 1

고운 님
분홍치마처럼 펼쳐진
산철쭉 미인

저녁 무렵
팥빙수처럼 시원하고
단팥죽처럼 달콤한
산소를 내뿜는 참나무
손잡고 만든 무대를 배경으로
연두색 이파리들이
하늘꿈을 향해 춤추며
영혼의 나래를 펴고 있네

시간이 멈추어 서는
강추위의 휠체어를 타면서도
꿈의 허리를 받치는 힘이
어디서 나올꼬

코아의 하루

구름 속을 뚫고 솟아난
코아 땅
삶의 열기로 전환된
찬란한 빛으로
대지를 적시고
렌딜레 족속의 향기가
움막집 서러움 속에
봄의 환상처럼 퍼져 나간다

부싯돌 바위에서
부족 소녀들이
사랑을 위해 기도를 한다
물을 유통시키는 언덕에서
석양을 노래하고
낙타들이 집으로 돌아 오는 시간
아이들의 합창이 울려퍼진다
하늘이 열린

밀리언 스타 호텔에서
창세기를 공부하며
밤을 지새운다

천하는 잠잠하라
영혼의 추수를 기다리는 집에서
해돋이를 맞이한다
만물이 깨어나는
파랑새깃털처럼 가벼운 아침
두 소녀의 기지개 바람에
꽃들이 펴렇게 피어나고
새들이 절절이 우짖는데다
염소울음마저 그토록 고매한
자연의 교향곡이 울려퍼진다

코아 땅을 누비는 내내
광야에 길을 내고

사막에서 샘이 터지는
이사야서가 읽혀지고
사랑의 마에스토로가
지휘봉을 잡은 곳
영광의 조약돌 깔린 길에
한 부부가
감당할 수 없는 추억의 무게를 싣고
미래를 새김질하며
뜨거운 십 년을 더 달려간다

사막에서 샘이 터지는

이사야서가 읽혀지고

사랑의 마에스토로가

지휘봉을 잡은 곳

도비가뜨

무심코
역사의 단면을 본다

인도의 한은
도비가뜨에 비누방울처럼
맺혀 있다

웃통을 벗어 젖히고
근육을 담금질하는
빨래터에서
도비 왈라들이 백년 이상
가느다란 숨줄을 이어온 곳

이룰 수 없는
꿈의 속살처럼
색색이 널려진 빨래감이
바람에 날리며

어두워진 도시에서
성결의 옷자락을
붙잡고 있다

뭄바이 시내 어리숙한 곳
마하라쉬트라역 남쪽 육교에서
인도의 멱살을 잡고
감탄을 거듭하고 있다

인도 종단 여행

뭄바이에서
뉴델리로 향하는 라즈다니 열차에서
인도를 훔쳐 본다

마하라슈트라에서
구자라트로
라자스탄으로
이어지는 철로길에 유채꽃이
사랑의 깃발처럼
하늘의 양탄자처럼
수를 놓는다

"차이" "커피"를 외치며
객차를 누비는 소년들의 미소가
영혼의 고향에 갈급한 나그네들의
입술을 적시고
시간과 공간을 묶어 달리는 열차는

과거는 넘고 현재를 건너
미래의 에덴을 향한다

쟁반처럼 붉고 둥근 태양이
대지의 고통을 떠받치며
뚝 떨어지는데
뭄바이 청년들은
인도의 미래를 논하며
밤샘토론을 할 기세다

싸락눈 소묘

겨우내
내 마음에 흐르는 강이 있다
아무리 콩콩 뛰어도
무너지지 않을 것 같은 얼음판 속에서
뿌리 깊은 고뇌가 고개를 내민다
언제부턴가
정지되어 보이는
느긋한 강에
시간을 담보로 한
현실의 아지랑이가 솔솔 피어오른다

흐릿한 금강 자락이
두루마기처럼
따스하게 휘감겨 내려오는
서슬 퍼런 날
무지개빛처럼 찬란한
싸락눈이

맑은 영혼에 쏟아지는 순간
아름다운 세상을 전하는
우편배달부를 갈망한다

삶의 경계를 녹이며
안방을 차지한 손님처럼
마음 언저리에 사뿐히 내려앉은 싸락눈
솔빛에 비치는 하얀 광야에
긴 침묵이 흐르고
시골장터가 끝난 것처럼
낯익은 새소리도 얼어붙은 날
모든 것이 마침표로 느껴진 순간
미래의 삶이 쉼표처럼
환하게 다가온다

덕유산 향적봉

눈보라 치는 날
겨울 향적봉은 푸르기 그지 없다
은빛 소나무가 서러움에 울고
영혼의 귀향길 같은
긴 행렬엔
비장함마저 서려 있다
두살배기 어린 아이도
엄마를 품고 나서는 겨울산행이다
가느다랗게 떨고 있는
하얀 가지들 위에
이슬처럼 맺힌 눈꽃이
땀방울로 보인다 지친 몸으로
손에 손잡고 사랑을 움켜쥐니
행복의 무게로
빙판이 된 눈길
모든 권리를 내려놓고
영혼을 맡기는 군상들이 부럽기만 하다

천하를 얻듯
정상에 선 평범한 사람들
얼어 터질 듯한 발가락과
땀이 젖은 손바닥엔
'봄별'이라는 단어가 씌여져 있다

오늘은 집으로 가는 길이

유난히 멀지만

발걸음은 파랑새의 깃털처럼 가볍다

"애통하는 자는 복이 있나니

저희가 위로를 받을 것임이요"

뚤레마 가는 길

에티오피아 깊은 산골
가도 가도
오십 년전 전라도 길 같은 황톳길에
한벌 옷으로
소년기를 때우는 아이들이 있다

그 해맑은 미소
구겨진 환호성이 가슴을 때리는 길
가난한 심령이 되는 길
애통과 온유로 통하는 길
동아프리카를 가로지르는
리프트 밸리의 거대한 간격이
마음으로 느껴지는 길이다

애절함이 흐르고 흘러
이윽고 젖과 꿀이 흐르는 땅
뚤레마에 도착하니

삶과 죽음의 골짜기를 같이 통과하며
부족애로 뭉쳐진 주민들이
춤추고 노래하고 예배한다

꿀에 찍은 빵을 나누는 섬김이
아름답기 그지없다
“심령이 가난한 자는 복이 있나니
천국이 저희 것임이여”

소녀의 꿈

아이들을 떠나 보낸 오후
케라 학교의 한 교실에서
적막을 깨뜨리는 소리가 들렸다
눈물 젖은 소녀의 기도 소리일까
아니면 한숨 섞인 넋두리일까
상한 심령의 애통함일까
신발 한 짝을 잃어버린
절망감이 어둠처럼 몰아치는 수업종료 후
소녀의 꿈은 오직 하나
신발을 찾는 것이다
그것이 존재 이유인 것처럼
그녀는 꼼짝도 하지 않고 울고 있다
기도의 응답일까
새 신발을 선물 받은 소녀는
아직도 실감 나지 않는 표정이다
오늘은 집으로 가는 길이
유난히 멀지만

발걸음은 파랑새의 깃털처럼 가볍다
“애통하는 자는 복이 있나니
저희가 위로를 받을 것임이요”

진달래꽃

잎보다
먼저 피는
진달래꽃

군더더기 없는 사랑처럼
당당한 세 잎 진달래

푸르름에 취한
계곡을 품은 잎

겨울 나목의 허리춤에
연두색 저고리를 선물한 잎

아이 업고
산행길을 가는 여인의
복잡한 심사를
어루만지는 잎

사랑의 균형을 잡아주는 세 잎이

더욱 친근한 진달래꽃

고추잠자리

타인들의 수고가
빚어낸 나
그 거대한 섬김의 그물에
그만 내가
걸리고 만 것이다

만남의 그물코마다
새겨진 사랑
그 순수의 빛이
퇴색되기 전
나는 나에게서
벗어나야 한다

사과나무에
열매가 없고
고추밭에
소출이 없을지라도

사랑은 한 번도 실패한 적이 없나니

아 사랑의 거미줄에
빨래처럼 걸려 있는 나
그런데
사랑이 없는 나
아 가엾은 나

아직도
나의 언저리를 계속 맴돌고 있다

가을을 앞두고
생이 버거워
날지 못하는 고추잠자리처럼

섬

밤새
안식을 누린
섬들이
부시시
깨어나는 아침

하늘의
꿈과
바다의
소명이
맞닿은 곳

하루를
여는
첫 언어는
기도

가난한 자의
언어
애통하는 자의
언어
온유한 자의
언어
주리고 목마른 자의
언어

기도

공감자의
언어
화해자의
언어
깨끗한 자의
언어

핍박 받는 자의 언어

기도

창조의 아침이
시작되고
기도를 끝낸
섬들이
부산하다

하늘이 이미
이룬 일을
마무리하느라
바쁜가 보다

군인 아저씨

철원군 서면 자동리
아내 손 잡고
아들 면회 가는 길

철의 삼각지
백골사단
서면 사격장
목련공원 묘지

익숙한 이름들이
살벌한 자주포 소리에 날아가고
면회소에 온 가족들이
정겹기 그지없다

어
군인 아저씨들이
아들로 보이네

아무리 보아도
앳된 아이의 모습
세월의 키가
사람의 키보다
앞서 간다

눈과 입과 손과 발
바쁘게 움직이며
사랑을 유통하는 시간들이
짧기만 하다
눈빛들이 별빛들을 닮았다

봄의 꼬리

어딘가 새고 있다
봄의 더딘 출두에 지친 산야가
시름에 잠겨 있다

산바람도 들바람도
바닷바람도 찾는 봄

새는 데를 찾아야
봄의 속도를 앞당길 수 있다

장난기 많은 동네 아이들이
밧줄을 들고 며칠째 대기 중

그래야
새는 구멍에 횃불을 붙여
뛰쳐나오는
봄의 꼬리를 붙잡을 수 있다

비쉬케 아침

만년설이
꿈처럼 펼쳐진 아침

실크로드로 이어진
초원 끝자락에 놓여 있는 도시
그 한복판에

빗살무늬처럼
새 세계가 열린다

혁명의 찬가는 간 데 없고
봄의 영광이
쉴새없이
비쉬케의 눈망울을 세뇌시킬 때

점점 차오르는 설산이
마구 퍼트리는 아침인사로

한층 밝아진 얼굴들

도시 전체가

사랑의 몸살을 앓고만 있다

노랑 등대 2

구슬은 가까스로
이름을 걸치고
안개의 뿌리는 빛을 털어낸다

모든 것이
대양으로 되돌아가는 소리
노랑 등대는
주인공처럼
붉은 빛 테두리로 모자를 쓴다

이윽고
바다 건너 섬마을에
떨리는 빛이
연극의 클라이막스처럼
등장하고
건장한 구름들이
폼을 재는 새

더 겸손해진 그가
모자를 벗고
머리를 숙인다

코람 데오

대포 마을

지리산 자락
숨겨진 마을
속이 빈 고을에
벅찬 바람이 분다

산청 대포 마을
사랑 깊은 물에
푸른 마음을 담그며
넷이 하늘 꿈을 꾼다

청아한 숲 삼배기
물과 돌이 하나되어
소나무 곡예사들의 묘기에
갈채를 보낸다

능소화와 참나리가
흥겹게 춤을 추고

경사진 언덕의 대나무가
영혼의 가야금줄을 울린다

지리산 품 속에서
장당계곡의 물을
뽑아내니

초여름 장마 끝에
삼장천 폭포들이 울고
마음에 솔바람이 인다

레이저 빔처럼 쏟아지는

섬세한 열망의 빛

주린 자처럼

목마른 자처럼

딸아이의 꿈

오늘도 그려보는 애리의 눈빛

레이저 빔처럼 쏟아지는
섬세한 열망의 빛
주린 자처럼
목마른 자처럼
너무 깊고 강하다

해처럼 빛나는
한 방향의 인생 방정식
의를 심장에 두며
더하고 빼고 곱하여
꿈을 이루다

'의에 주리고 목마른 자는 복이 있나니'

코나 단상

해 진 자리에
겹겹이
다른 해가 진다

시간의 건축물을
아무리 품어도
닳아 없어지지도
마르지도 않는
붉은 바다

빛 벼락을 맞은
구름 조각들이
해묵은 바람을
머리에 이고
별처럼 반짝이는 저녁
바다는 안개를 품고

불타는 저녁놀은
영혼의 메마른 잡초들을
살려내고 있다

세마포를 입은 청년이
그토록 장엄하게
바다에서 걸어나오고 있다

와이메이

세상에서 제일 큰
무지개를 품은

구름 띠와 시간 띠의
무게를 감당하는 땅

뭇 사람의 흔적을
소리없이 지우며

소낙비처럼 내리는
하늘의 사랑을 흡수하고 있네

큰 섬 한복판
와이메이는 아직 안식 중

공손

내가 못 본
최초의 눈빛을 찾아가
처음 잡은 손을 한동안 놓지 못했다
소젖 냄새가 나는 손금을 한사코 만져보았다
시간은 아직 어리고 맑아
비워둔 노트처럼 아늑했다
발을 잊고 걷는 듯이
시간을 잊고 웃는 듯이
한없이 평화로웠다
그리고
동쪽에서 서쪽까지 모든 능선은 공손했다

눈 내리는 강

홋카이도 아사히카와에
깊은 강이 흐른다

이시카리 강과 하나되기 위해
고요히 흐르는 우슈베츠 강

사랑이 불타오르는
겨울강이 흐른다

사랑을 수용했던
용기있는 여인
미우라 아야꼬의 기개처럼
빙점에도 얼지 않는
강이 흐른다

그녀가 애증을 끌어안고
소설을 쓰던 집 앞에도

눈이 내린다

백색 세상을 만들고도
가난한 심령을 채우지 못해
계속 눈이 내린다

손을 내밀어
손끝으로 느끼는 눈
눈의 손가락과
내 손가락이 맞닿으니
온 몸에 사랑의 전류가 흐른다

강은 흐른다
심장을 관통하는 혈류처럼
빛처럼 흐르는 강
사랑이 피처럼 흐르고 있다

야생화 길

키가 줄어드는
나목 군중 속을 헤집고
봄빛이 달리고 있다

나즈막한
침묵의 들판에
들꽃축제가 열리고
남자를 처음 본
히잡 여인들처럼

떼죽 들판에
낮게 깔린 보라색 꽃
겸손에 묻혀사는 노란 꽃
면사포에 숨어 피는 흰 꽃

뿌리도 없는
작고 연약한 꽃들이

제각기 떨고 있다
버려진 과거에 숨어 살듯
들꽃은 산길 따라 간다

버려진 게 아니라
바둑돌처럼 전략적으로
놓여진 것이다

산철쭉 2

사월의 계방산
산등성이 반쯤 올라와
절벽 끝에 자리잡은 산철쭉

노란 짚신에
발끝까지 내려온
분홍색 저고리

우주를 응시하며
세상의 고뇌를 보듬은 채
삶의 무게를 딛고 선 꽃

봄과 겨울의 경계선에
삶과 죽음의 한계선에
아슬아슬 피어 있네

분홍 튤립

세 겹씩
두번 싸인 속마음
들킬까 봐
조마조마하며
속마음을
애써 억누른다
찬란한 모습이
다 드러나기 직전
세 줄기
검고 깊은 빛을 발하는
지고의 아름다움

절대 공간

비행기는
나의 절대 공간

하나의 좌석이라도
한 뼘의 공간이라도
탑승하는 순간
세상과 격리되고
한 오백리쯤 가면
고유 공간이 된다

새로운 세계가 열리고
시간이 멈춰서는 순간

거룩한 임재의 빛이
전 존재를
휘감는 순간

현실화된 미래의 꿈이
세계의 원소를
재편성하는 순간

한 결의 바람에도
한 눈의 온도에도
한 줌의 먼지에도

마냥 떨고 있던 나는
어느새
하늘 보좌에 앉아
평화의 왕자가 된다

3

절대 시간

언제나
님의 품으로 돌아가는 시간

흐르는 시간의 강가에서
절대 시간의 월척을 낚는다

낚싯대가 휘어져
원점으로 돌아가는 사이
크로노스의 세계를 넘어
카이로스의 신세계로 온다

혼돈과 공허, 물리적 시간을 넘어
알파와 오메가, 관계의 시간이 열린다

찰흙처럼 늘어진 시간이
바이올린 줄처럼 팽팽한
마라나타의 시간이 된다

멀고 긴 그림자가
무의미 속으로 사라지고
빛으로 속 빈 영혼을 채우는
누림의 시간이 시작된다

시간의 광주리는 사라지고 사랑만 남는다

킹덤 드림

하늘에 뿌리내린
사랑의 거목에서
꿈같이 피어난 꿈

콜로라도
오크 클리프 언덕에서
옹달샘처럼 흐르다
한반도를 적시고
대륙을 흐르던 강이
세계를 범람하며
온 우주의 영혼을 품었다

빌리언 소울 하비스트

십년의 혹독한 수련을 거쳐
또 다른 십년의 농축된 비전이
베르누이 원리처럼

허리케인의 속도로
절대시간을 달린다

이미 쏘아진 화살처럼

대학도시

호엔튀빙겐 성의 꼭대기엔
작은 정원이 있고
케플러의 천문대일 것같은
원두막이 있다
성벽길 돌마당에는
중세의 체취가 뿜어나오고
나즈막한 골목길에는
청춘의 미래를 비관하는
휠덜린의 검은 시가 녹아 있다
마르크트 플라자
서점 직원이었던
헤르만 헤세의 숨결이 들리고
8백 년 묵은 수티프트 수도원엔
성 어거스틴의 겸손이 배여 있다
넥카 강변의 도시 성벽을 두른
자유로운 영혼들의 삶은 석류처럼 박혀있다
도시가 대학이고 대학이 도시인

튀빙겐 구석구석엔
한 거인의 향기가 꽃가루처럼
시대를 초월해 날리고 있었다
'아템프토!
시도하라! 시도하라! 시도하라!'
세계의 젊은이를 잠에서
깨우는 꿈의 사람
뷔템베르트공 에버하르트 1세
활화산 같은 그의 외침이
야성에 불을 붙인다

내려놓아야

생의 정리가 가능하고

버려야

정돈의 삶이 가능해진다

밥상

개울가 펜션에서
밥을 얻어 먹는다
평생 먹어온 밥인데
오래된 부부의 여린 밥상
외진 곳에서
어머니의 눈물을 본다
아욱국 열무국 토란국이
그리운 저녁
밥상공동체의 행복이
동그랗게 다가오고
아이의 장난끼에
웃음꽃이 핀다
나무 가지 밑에서
커피 한잔을 마신다
아이도 개도 조용해지고
실계곡을 흐르는
시냇물 소리가

고운 추억을 깨우며
마음을 환하게 한다

품격

독일의 한 호텔에서
우아함은 극치를 이룬다
청초함과 수려함
격조와 품위가 짝을 이룬
품격
전통의 샘에서
혁신을 품어 올려
사다리의 끝에 올라 선
승자의 여유를 본다 그 아름다움을 마신다
도어맨에서
총지배인까지
발바닥에 불이 붙는
섬김의 몰입열에
예술품 같은 가구
조각품 같은 조형물
미술품 같은 장식물
색조의 조화와

황금분할의 균형미가

양념처럼 녹아있다

나는

좀 더 머물고 싶어

오전 내내

침대에서 뒹굴었다

행복과 나란한 품격

이런 날

믿음도 한갓지고 환했다

몬타나의 아침

쓴뿌리 계곡에서
고뇌의 아침이
대자연의 맥박을 훔친다

미줄라 분지에서 바라본
동서남북 몬타나 언 땅들이
봄의 옷자락을 붙잡고

병풍처럼 둘러선
언덕배기의 경사로를 따라
잔설 같은 죄의 흔적을
지우는 흑발강의 물줄기
곳곳에서 봄의 전설을 만든다

저 멀리 캐나다의 록키로
더 멀리 알래스카의 맥킨리로
연결된

빙하계곡의 슬픈 추위가
선한 양심을 깨운다

영혼의 잠을 깨운다
아 애통하는 자는 복이 있나니

빙하계곡의 슬픈 추위가

선한 양심을 깨운다

아카시아 꽃길

아카시아 숲
꽃잎이
함박눈처럼 쌓인 길

백발인생의 중후함이
아카시아향처럼
날리던 이른 아침

흰 모자를 쓴
시골 부부가
오손도손
눈빛 대화를 하며
삶의 굴곡만큼
깊고 오묘한
비밀의 숲을 지나간다

흰 편지지처럼 소박하게

편한 길을 가며
서로의 손을 꼭 잡고
지나간 세월만큼 쌓인
축복을 세어 본다

강아지도 흰 눈처럼 뒹구는
아카시아 꽃길

알펜시아

알펜시아의 밤하늘
천둥 치듯
비 내리듯
눈이 쏟아진다

흩어지는 눈발이
수채화의 물감처럼
찬란하고
첫사랑처럼 포근하다

연인들이
씨줄 날줄처럼
엮어진
사랑의 마음을
담보로
스키를 탄다

눈의 교향곡에 맞춰
가파른 인생길을
쌩쌩 달리는
밤에도 설원은 하얗다

불 켜진 가로등처럼
소리 없는 대관령에
숨겨진 도전은 끝이 없다

달빛 마당

달빛 동네
해변길따라
곰솔숲이 펼쳐지고
너에게도
나에게도
고유의 달이 떠있다

달이 달을 부르며
서로의 마음 한 복판에
계수나무가 심겨지고

해가 돋기도 전
달빛 마당 위로
실눈썹 같은 사랑이
말갛게 떠오른다
사랑하는 연인들이
달빛 세례를 받으며

미래의 색깔을 입는다

화평케 하는 자는 복이 있나니

만년설 새벽

미루나무 숲이
꿈처럼 휘어져 있고
마음의 빗장
사르르 텐트를 걷으니
구름 속은
은하수가 하늘 포구를 떠나는 양
온통 빛보라

어스름히 보이는
만년설 위에
초승달이 차오르고
돌담길 너머 저편
투르판의 아침이
비스듬히
열리고 있다

사랑의 기적

사랑처럼
기적처럼
눈이 쌓였네
누군가를 그리며
사랑하는 것은 기적

기적처럼
사랑처럼
눈이 쌓이네
누군가의 빛이 되어
사랑받는 것도 기적

경포 호수에
안도 바깥도 없이 쌓이는 눈
백 년만의 폭설
짓누르는 무게에
소나무 향기 짙어지고

사랑은 기적처럼
품안에 있네
눈빛에 환히 비친
눈 세상
마음으로 보네
사랑의 눈으로 마주보네

사랑처럼
기적처럼
하얗게 쌓이는 눈
호수 언저리 벚나무 가지
솜사탕처럼 부풀어 오른
눈꽃 향기
경포 호수를 뒤덮은
벚꽃 내음으로
빛바랜 세상을 흔드네

호젓한 솔숲으로 지붕을 덮은
환한 산책길에
쭉 뻗은 대나무 줄기처럼
사랑의 꿈이
하늘에 닿았네

경포 해변
줄지은 에메랄드 물결
하얗게 새파랗게
부서지는 슬픔
지워도 지워도
새겨지는 사랑의 흔적
날마다 순간마다
비우고 낮아진 나그네길
저만치
사랑의 행로가 펼쳐지네

사랑은 기적처럼
품안에 있네

청계산 묵독

맑고 청명한 책장을 묶은
가을날이다

구름이 삽화처럼 넘겨지며
흘러갈 동안
밑줄을 친 나무줄기들은
옷 벗을 채비를 하고,
돌 밑이 환히 보이는
파란 갈피의 시냇물을
오래도록 읽어 내려가는
아내여
우리도 아주 먼 데까지 가야할 시간

잿길 중간에 페이지를 연
청계골 식당 구석
오늘은 노인 몇이서 평문을
넘겨보고 있는데

기억하려나
우리가 허기진 눈빛으로
헤매던 들판에서
기쁜 눈물을 흘리며
껴안았던 문장 한 줄

마음이 가난한 자는 복이 있다

통나무 땔감이 차곡차곡
차례에 들어 있고

연인들의 더운 이름이 페이지를 매긴
피 흘린 가슴이 판권에 쓰인
한 권의 책이자
샘물이며 평화인
사람은 또 어디쯤 오고 있을까

아내여 낮달이 사라지는
가을은
슬픔의 문맥까지 산뜻하다

어머니

쑥떡에 콩고물 묻혀
큼직하게 집어 주시던
고운 손
하얀 목 언저리에
조용히 돌고 있던 세월
식혜 한 그릇
무국 한 숟갈에
눈물 맺힌다
희미한 눈빛에
또렷한 영혼
자두색 저고리에
은총의 흔적
오늘도
짧은 한숨 긴 기도에
세월은 간다

아내

최고급 와인처럼
이십 육 년 연륜
오래 묵은 내 사랑

눈가의 주름에는
해맑은 미소 피고
소맷자락 고운 손등엔
눈물의 흔적 묻어난다

가슴속에 오래 남은 두 아이,
상처 입은 소녀와
분노에 찬 소년
이제야 어른이 되어간다

상처의 흔적을 닦고
아픔의 매듭을 푼
견딤의 세월

버선발의 훈련장
그 사랑에 오늘을 산다

은총의 대지에 뿌리 내리고
하늘 꿈에 지피던 숯불
그 속에서 익힌 사랑의
호호 불던 호미 손에
수많은 생명이 꿈을 펼치는

오래 구운 백자처럼
이십육 년 연륜
단단해진 내 사랑

사막의 질주

고비사막
어드벤처 레이스
초원을 달리고
산을 넘어
사막을 횡단하는 용사들
낙타 떼처럼 줄지어
수십 개의 모래 언덕을
시간 밖으로 시간 밖으로 제치며
질주하는 중이다

정상에 오르니
저 멀리
투루판 포도밭이다
강렬한 태양볕은
구름 속에 갇혀 있다
모두가 자기 배낭을
메고 달린다

아무도 대신할 수 없는
존재의 질주
이읏고 나의 존재는
사막의 한 점으로 전락하고
절대고독은
이제 막 시작되었다
고비사막의 숨가쁨은
삶의 고통으로부터
나를 해방시키는 중이다

은행나무 길

노란 안개처럼
그윽한 빛이
깔려 있는
연수원길 신작로

노란 리본에
노란 신발을 신은
고운 님이
서둘러 오고 있다

뒷서거니 앞서거니
인고의 세월을
뒤로한 채
떨어져 내리는 희망들

여기 저기
잘 구워진 빵처럼

정겨운
노란 연이 날린다

노란 잎사귀들이
꿈을 피워내지 못한 채
영혼의 무게를 견디지 못해
생을 마감하고 있다

오늘도
가슴을 쓸어내리는
가을의 신비를
속 빈 질그릇에
담는다

오늘도

가슴을 쓸어내리는

가을의 신비를

속 빈 질그릇에

담는다

붓꽃

하늘에서 벋어 내려온
보랏빛
기린의 목처럼

기다란 잎사귀
커다란 몸체를
다소곳하게 내리깔고

청초한 자태로
행인을 바라보는
천태산 자락에서
바람과 맞서고 있는

붓꽃 세상

밤 따는 소리

초가을의 숫돌봉

매미소리 요란한 더위의 끝물에
고요의 샘이 터진다

적막의 강이 흐른다

그 균형을 깨뜨리는 밤 따는 소리가
인도 문바이의 슬럼가에서
터키 이스탄불의 바자르에서
터져나온 생의 환희처럼
가느다란 생을 부활시킨다

머리 위에 밤송이가 떨어지듯

말없는 사랑

쏟아부은 속 깊은 사랑

아 금강에 살으리랏다

금강산 여름

처음부터 속이 보이는 산
창터 솔밭에 홍송이 울고

청옥빛 계곡따라
신음소리도 깊다

삼록수 약수물로 머리를 감으니
떫은 심신이 새롭다

푸른 눈빛 연록담을 지나니
구룡폭포엔 무지개 언약이 피어난다

처녀의 마음에 떨어지면
사랑의 폭포수
비스듬히 누워 흐르면 비단필
곱게 부서지면 구슬

고성항에 달이 뜨고
내 마음에 별들이 떴다

말없는 사랑
쏟아부은 속 깊은 사랑
아 금강에 살으리랏다

별빛 새벽

콜로라도 별 밝은 새벽
물이 차오르듯
숨이 차오르듯
우주의 잠깨는 소리

부시럭거리는
시간의 여유가
검은 숲에서 먹물처럼
고요히 번지고

대평원 언저리에
얹혀 있는 나
초록빛 꿈은 아득하다
풀벌레소리 너머
따스함은 아직 멀리 있다

사랑은

자작나무 푸른 잎처럼
아직 설익고
미래는
갓난아이의 기침만큼
애처롭기도 하다

뉴 브리드 목장에선
동트기 직전에만
별빛이 불빛을 이긴다
이윽고 별들은
새로운 창조를
준비하러 나서고

품으리

안개 속
인생 산행길

애닳으면
보이리

애절하면
버리리

애통하면
얻으리

애타하면
닿으리

구하면
받으리

찾으면
찾으리

두드리면
열리리

사랑하면
품으리

품으면
이루리

길은 멀고
몸은 가늘다

희구

나는 어느
버림받은 여인이 되어
초승달 같은 해변에
꼬옥 안기고 싶소

나는 지독히
고독한 나그네가 되어
창백한 백사장에
텅 빈 첫 발자국을
남기고 싶소

나는 사랑 깊이
채워진 소년이 되어
코발트빛 바다에
마냥 떠가고 싶소

나는 구름같이

자유로운 소녀가 되어
가을 화폭에
구겨진 꿈을
새로 그려보고 싶소

태풍 불어 오는 날

구멍 뚫린 돌
태평양의 한 섬에서
흰 갈매기가
꿈같은 시간을
훔쳐보고 있다

아가

명달리 집에서
아가가 웃는다

개인 가을날 오후
산 속 깊은 숲에서
에스키모인처럼 옷을 껴입고
하늘을 품은 미소
짓는다

눈을 맞추면
꿈이 발아되고
입을 맞추면
생각이 싹트고
마음을 맞추면
사랑이 꽃 핀다

은행잎이 노랗게 춤추는

이리도 고운 날
낮에도
아가의 깊은 눈엔
별이 보인다

일곱 달된
애린이의 하루가
나의 일 년의 휴식만큼
평화롭다

함덕해수욕장

에메랄드빛
수채화가 세상을 안았다
하늘이 바다를 덮고
바다가 날개를 달았다
두둥실 떠다니는 모래 섬 위로
하얀 갈매기 한 마리
해초 입은 바위는 섬처럼 널려있고
모래톱 맑은 자태는
사랑의 흔적을 품고 있다

섬진강

피아골 가는 길
강따라 참게가 놀고
은어가 숨쉬는

초저녁 은빛 물결이
마음에 닿으니

강이 열리고
삶이 열리고
꿈이 열린다

곡성과 만나는 길
남원땅 끝자락
내 고향 마을에서
손이 닿는 곳

어머니같은 섬진강이

지리산에 먹을 갈아
'사랑길'과 '꿈길'이라는
두 개의 주제로 논문 집필중

화개장터 오는 길
한 여름 밤에 함박눈 오듯
베이지 빛 세상이 열리며
밤꽃 축제가 진행중이다

곡성과 만나는 길

남원땅 끝자락

내 고향 마을에서

손이 닿는 곳

생일 파티

춥고 매운 도시 시카고에서
건축 공부하다 온
생각이 구름과 비처럼 자유로운
의찬이의 생일이다

에티오피아에 있다
출산을 위해 잠시 귀국한
사과 알처럼 생기 도는 애리

군에서 제대하고 직장 초년생으로
꿈에도 없는 꿈과 현실 속에서
좌충우돌하는
빛과 소금 의현

콜로라도에서 돌아와
행복을 펼쳐놓고 전파하는
맑은 님 아내

그림자같이 동행하며
상한 가슴에 사랑의 꽃을 얹어주는
하늘빛 은주 부부

다 모여 따스하게 겨울이 고이는 날 저녁
북한강가에서 생일 파티를 한다

길게 늘어지는 찰흙같은
시간을 만진다
강아지는 밖에서 망을 본다

고향

새색시
신랑 화안이 반기듯
벚나무 가로수가
두 손을 벌리며
갯고랑처럼 열리는 곳

금강벌 보듬고
내리 달리는
은빛 물결이
수채화 연작처럼
하늘을 받치고 있는 곳

개 짖는 소리에
멈칫거리는 아이처럼
철쭉이
피어나는 곳

하늘의 시선
한데 모아진
인삼밭 풀내음이
꽃향기로 흘러드는 곳

우람한 어깨의 소낙비
사르르 주저앉고
쌍무지개가
사라진 추억처럼
떠오르는 곳

해질 무렵
어머니 집뿐인
밥 짓는 저녁연기 속으로
어머니 안경 속의 눈물 같은 사랑이
자리하는 곳

선물

아침에 터진 폭죽
불꽃놀이로
6월의 산야를 비추는
꿈의 퍼레이드

풀잎은
늦잠 잔 아이처럼
깨어나고
숲은 보석함처럼
열린다

이건 분명 사랑이요
누군가의 선물이다

해돋이

동해바다
숯불같이 이글거리는 해
빨간 고추보다 더 붉은
경이로움의 장막을 친다
근엄함은 아버지를 닮고
따스함은 어머니를 닮았다
침묵을 잠재우는 해
세상을 압도하는 기품
어둠을 무너뜨리는 기세
에메랄드빛이 수평선에 춤추고 있다
은총이 춤추고 있다

동해바다

숯불같이 이글거리는 해

빨간 고추보다 더 붉은

경이로움의 장막을 친다

동화 나라

가을 속에는
물감 한 통이 들어있다

초록 노랑 빨강
가을빛 삼총사가 통큰 꿈을 빚어낸다

하늘 내린 수채화가 마음을 때리며
동화 나라 한복판에서
더 큰 목마름을 키워 낸다

도토리 키재기만큼 늘어서고 늘어선
그만그만한 삶의 높이

밝고 맑고 투명한 색들이
장원 급제를 노리며
농도짙은 여름이
뿌리 속에 파고들어

각자의 화폭에
삶의 깊이를 풀어 낸다

맑디맑은 지하수로 고운 색채를 만들어
태고적부터 간직한
아기자기한 비밀을 품어낸다

온 나라가 몸살을 앓는다

올 가을
그대의 짧은 편지가
몰고온 긴 폭풍

둑방길

아사히카와
시범림에서
나홀로 걷다 만난
야생화 둑방길

일상의 경계선일까
야망의 한계선일까

숲을 가르고
생각을 가르고
마음을 무너뜨린다

은밀하게 낙엽진
노랗고 까만 이파리 하나가
길바닥에 서 있다

빨리 익은 감처럼

그 잎에 담긴
미우라 아야꼬의 삶

'겉사람은 낡아지나
속사람은 날로 새롭다'

가랑비 마음에 젖는
누구나의 꿈길

그녀의 애달픈 사랑길

푸른 빛
벗삼아 가는
자유인의 길이다

대설산 자락
멀리 구름장막이

꽃처럼 피어나고
숲속 젖은 땅에서
새가 웃는다

숙성된 포도주처럼
성숙의 지표를 따라
풀벌레가 노래하고
별이 박수를 친다

삼다리 대숲

어머니 생가가 있는
담양 삼다리
대숲속으로 생의 발자취를
찾아나선다

엄마손 잡고 건너던
시냇가 징검다리
세상을 휘돌리는 물레방아
굽이쳐 휘어진 댓잎길
샘처럼 솟아오른 죽순
나지막한 산딸기와 갈퀴나물

사랑을 주워 담고
진흙밭을 밟으며
절대 시간 속에 감추어진
일곱 빛깔 보석을 찾아 나선다

매듭 속살이 고리처럼 연결되며
의의 줄기가 쭉쭉 뻗어
그 몸채가 하늘에 이르는
사랑의 연쇄반응

대나무 터널을 지나니
아침 햇살이 빚어낸
송죽의 조화
빛과 그림자를 오가며
사이좋은 세상을 꿈꾼다

아 탄식을 자아내는
어머니의 꿈

대숲에서 품어나온
어머니의 향기
죽향과 앞서거니 뒤서거니

시심을 길어낸다

우왕좌왕
갈지자 걸음
허허
너털웃음이 터지니
오르막 산책길에
아침새가 반긴다

드디어
떡고물같은 아래오름이
아스라한
시루산 정상이다

사랑의 시어
— 다시 김남조 시인에게

꼭꼭 숨은
내 마음의 이름
눈부셔
감당할 수 없는 역광

심장에
가시박힌 아픔
가책의 바람으로도
끌 수 없는 큰 불꽃

손목을 감싸는
고운 비단필
자꾸 생겨나는
신기한 부푸러기

지울 수 없는

소유의 인장
살포시 묶인
영혼의 동아줄

하늘별 쏟아지는
소리없는 소리
갑자기 안겨온
꽃샘 눈송이

처음 불러 본
이인칭의 이름
말하지 않은 속말
잘못 고백해도 아름다운 말

끝없이 무익한
가슴앓이

모호함 속
불붙은 진실

오색 단풍
가을의 가슴 안
내 영혼 씻기는
산골 옹달샘

절로 명확해지는
존재의 짝
헤어지자 마자
기다리는 그리움

휘파람 날리는
푸른빛 전율
타작기 아래

쏟아지는 참깨

알고보니
존재의 한 뿌리
은하수에서 내린
금줄 쌍그네

땡볕에 달궈 낸
옥빛 도자기
부치지 못한 편지 속
빛나는 글씨

낡은 기름등잔 안
계속 타는 새 심지
끝내 풀 수 없는
기나긴 실타래

종착역마저
텅 빈 기다림
깨진 마음
향유 입히는 햇빛

멀수록 잘 보이는
황금과녁
살포시 들리는
초가을 풍금소리

줄곧 타는
불화로의 가슴
그대 혹시 '나와 같은 마음'
속삭이는 메아리

오색 단풍

가을의 가슴 안

내 영혼 씻기는

산골 옹달샘

하늘꿈

— 김남조 시인의 「사랑 초서」에 답하며

이 잔을 지나가게 하옵소서
이 잔도 지나가게 하옵소서

'거기까지만'
'아니요 한 영혼만 더'
자신의 신부 값을 흥정하는
영혼 사랑의 처절한 협상

하늘이 외면한 사람을
끝까지 품은 사랑
큰 사랑은 큰 형벌
큰 긍휼은 큰 고통

하늘꿈의 겨자씨 심어
만민의 영적 굶주림을 해갈한 기쁨

생명씨 한 알 심어

만 영혼을 살린 사랑 한 그루

올레길 소묘

벚꽃 매화꽃 복숭아꽃에다
조팝나무 하이얀 꽃이
어울려 꽃길이 열린다

바구니 안에
맑은 물이 차고
꽃길이 둘러있는
종댕이올레길에
쑥캐는 소녀의 머리에
사월의 꽃눈이 내린다

나는 꽃침대에 누워있다
나그네 인생길을 정리하고픈
충동이 솟는 길

물길따라 걷다
바람결을 만나면

금새 꽃길이 된다

꽃눈 내리는
꽃길은 꿈길이다

물빛 나루정에서
마음길이 봄빛을 만나다

복숭아꽃

사월의 산자락에
나풀거리며 웃는 너는
또 하나의 아름다움이었다
네 이름을 알았을 때
우주의 신비가 열리고
너는 하나밖에 없는
경이로움이 되었다
복. 숭. 아. 꽃

꿈의 속도

겨우내 잠을 자기도 하고
곰처럼 늦게 오지만
일단 오면
빛의 속도로 온다
평소에 애를 태우다가도
일단 오기 시작하면
무섭게 달려오는 봄

문경 새재

어치와 찌르레기
번갈아 우는 한 여름날
삶의 깊이를 넘나드는
끝없는 시간 싸움

마음은 조여 오고
목은 계속 타는데
바람은 비수처럼 시원하니
엇박자 행복이로구나

백두대간 조령 내리막길
기품 있는 홍상들엔 여유가 넘치고
물방앗간에 도착하니
시간이 물처럼 흔하다

고독의 목구멍

아마존 이과수의 강줄기가
시간 끝에 맴돈다
쏟아 붓는 뜨거운 사랑이
용광로처럼 녹아지고

천둥 같은 소리가
하루 종일 귓바퀴에 맴도는 날

바닥의 깊이만큼
뿌리내린 절망도 흔들리고
하늘도 땅도
쏟아지는 은총을 감당할 수 없어
창조의 절정에 경탄을 거듭하고 있다

꼬마전등

잣나무 숲이
거리를 좁혀오는 한밤중
개 짖는 소리에
은하수가 잠을 깬다

반딧불 한 마리가
불을 붙이니
백만 개의 꼬마전등이
온 하늘을 밝힌다

꿈의 좌표를 찾아
별꼬리를 잡고 늘어진
초록 명달리의 밤은
짙어지고
나그네의 침묵은
더욱 깊어만 간다

사바 강변의 추억

슬로베니아 강변 마을에서
수려함의 극치를 본다

비밀을 찾아 구비쳐 흐르는
아련한 삶의 물줄기가
미래를 회복시키는 아침

강인지 호수인지
아련한 풍광의 애매함이
명료함에 지친 인생을 치유한다

물제비치는 검은 새가
수도원의 위용에 놀라고
사슴 목장에선 백마가 달리고
초원에는 양들이 아침 식사를 한다

'나는 선한 목자라'

감사의 꽃이 핀다

좋은 일에 축제 감사
짜증나는 일에 초월 감사
크게 보니 망원경 감사
분석해보니 현미경 감사
다시 일어나니 오뚜기 감사
고통 속 진주 감사
한계 속 울타리 감사
허영심에 장미꽃 가시 감사
충격을 받으니 다이아몬드 감사
열린 하늘을 보니 밀리언 스타 감사
미리 드리는 씨앗 감사
마무리 되니 매듭 감사
사소한 것도 연결 감사
모든 만남에 선물 감사
연약함 속 탄식 감사
죽음 앞에 부활 감사

코소보의 하늘

잿빛 하늘 아래
노란 단풍이 하얀 십자가를 품는다

멈춰선 공장의 굴뚝이 외롭기만하다

길바닥에 버려진 고통이
사랑의 전기줄을 밝혀
빛바랜 빨강 지붕들을 연결한다

숨겨진 고통과
역사의 상흔을 뒤로 한 채
학교 갔다 오는 아이들은
그토록 밝고
이토록 행복하기 그지없다

자그레브 광장

어제보다 시간이 짧아졌다

공간이 시간을 지배하는 땅
낙엽에 파묻힌 거리에서
추위에 쉽게 무너지며
자꾸만 움추러드는
그림자 시공간을 경험한다

그래도 군밤을 먹으며 걸었던
공원길이 노래를 하고
오래된 벽마다 그려진 환한 그림들이
시간 속에서 춤을 춘다

거대한 플라타너스의 잎새들이
불을 밝히는 아침
크로아티아의 고독한
전사들이 몰려온다

색바랜 단풍이 쓸쓸하기 그지없는
사바강에도 늦은 가을이 거꾸로 스쳐간다

해설

청신한 창조의 정신과 무욕의 축복

황학주(시인)

황성주는 2011년에 시집 『선물』을 통해 등단해 이미 5권의 시집을 상재했다. 그는 감정의 움직임을 진솔하게 드러내고 말의 진실함을 살려 시의 구조를 깔끔하게 가져가려는 노력을 해왔다. 절제되고 간결한 언어는 웅변보다 더 큰 힘을 드러낼 때가 있고 그러한 언어는 대체로 시인의 자의식, 꿈 등과 결합할 때 짤막한 문장이라 할지라도 강력한 의미의 파장을 만들어낸다. 거기에서 미학이 창조되는 것이다. 우리는 마주치는 자연 현상을 지극히 평범하게 바라보고, 때로 감동을 느낄 경우에도 주관적인 관점에서 그 의미를 해석해 버리고 만다. 그러나 자연 현상이 운행되는 속사정을 알게 되면 자연만물이 하나의 운동 법칙 속에 치열하게 존재한다는 것을 깨닫게 된다. 나아가 그 속에 담긴 빛을 보고 만질 수 있다면 사랑을 알게 되고 절대성을 믿기에 이른다.

길 모퉁이 개나리꽃
시집간
누님이 입던 노랑저고리가
벌써 봄의 온도를 맞추고 있다

개나리 개나리
소꿉장난 시절
집어서 날리던
노랑 색종이로 하늘가를 흐른다

소년 시절
설날에 띄우던
노랑 연처럼 빙점을 깨우고

연애 시절
함께 날리던
노랑 풍선이 되는
개나리
개나리꽃
온통 세상이 개나리꽃 세상인 오늘

화사하기가 이를 데 없다

따스하다

—「개나리」 전문

시선집 첫머리를 장식하고 있는 이 시는 화자에게 개나리 꽃이 어떻게 모습을 드러내는지를 보여주며, 자신의 마음을 이끄는 그 순간의 놀라움과 추억을 표현하고 있다. 개나리의 노란색이 여러 가지 정황에 시의 윤기를 더하며 시간을 따라 번져가는 걸 볼 수 있다. 이 시는 시간 구성을 통해 유년 시절, 소년 시절, 연애 시절을 거쳐 '오늘'의 시점으로 이동하고, 개나리라는 평범한 꽃을 삶과 관련지어 해석하는 것을 볼 수 있다. 또한 여백을 덧칠하는 단색화의 방식으로 감정을 펼쳐내면서, 누님과 색종이와 연과 풍선이 등가적으로 나열되고 반복되는 구조를 통해 단일한 주제와 시각적으로 호응한다. 단순한 서술처럼 보이지만 요컨대 이 한 편의 시는 자연을 통해 소망을 나타내고 시인이 걸어온 삶의 마음씨를 상징적으로 압축해 놓은 것이다.

담쟁이 이파리

피어날 무렵

열다섯 소년을

바보로 만든

소녀가 있었다

도란도란
나누고 싶은 말
속에 꽉 채우고도
가슴앓이하게
만든
단발머리 소녀

곱상한 얼굴에
지성의 빛
릴케
마리아 칼라스
읊조리고
가끔 짓는 미소가
모나리자를 닮은
새싹 같은 소녀

사직공원
단풍나무 숲속
영랑 용아 시비를
청소하다

소녀와
마주친 눈빛
부끄러움의 무게에
고개를 돌리는
맑은 소년

작은 몸짓 하나
바람에 날리는
머리결 하나에
눈빛이 떨리고
지산동 언덕배기에서
처음 본
쌍무지개처럼
소년의 가슴을 뛰게
만든
봄빛 소녀

접시꽃 모자에
목련처럼 곱게
긴 목을 늘어뜨린
소녀를 그리다
못다한 고백으로

바보가 된 소년이

있었다

—「풋사랑」 전문

이 시 또한 어려운 말이 없으니 시어의 흐름에 따라 가만히 읽어 내려가면, 열다섯 소년 시절의 추억을 지금껏 간직하고 있는 화자의 마음을 헤아릴 수 있다. 읽다 보면 "바보로 만든"이란 말의 묘미에 잠시 머무르게 된다. 이제 나이 들어 그립고 아쉬움에 가슴 조이던 시절은 갔지만 "새싹" 같고 "목련" 꽃 같던 소녀를 생각하는 말이 정겹다. 쓸데없는 군더더기를 붙이지 아니하고 혼잣말처럼 소박하고 단정하게 시 전체를 끌고 가서 끝을 맺는다. 소녀의 모습을 여러 가지 사물에 비추어 말하면서 마치 무성영화처럼 우리에게 소리 없는 기억의 영상을 전달한다. 추억을 잃지 않고 사는 것이 시인이 걸어가는 길이다.

다른 많은 시편에서도 정갈한 언어로 일상의 삶을 노래하며, 인간을 긍정하고 자연을 사랑하는 온화한 침잠의 시선이 아름답게 펼쳐진다.

언어가 없는 밤

콜로라도의 끝자락

산 후안 산맥의 등줄기
꿈 빚는 소리에
눈이 큰 자작나무가
부스럭거리며
기지개를 편다
키 큰 더글라스 소나무도
같이 밤잠을 깬다

우주의 중심에
내가 서 있다

은총의 그물망이
좁혀오는 밤
밤송이 따듯
빛을 따는 망태기가
손 안에 있다
별 하나 만으로도
행복한 밤에
은하수가 펼쳐진다

깊은 우주에서
맑은 별들을 보며

소년은 과학자가 되고
소녀는 시인이 된다
둘이 손잡고 우주를 거닌다

보석 같은 별들이
되살아나는 밤
킬리만자로 산맥의 별
귀마라스 섬의 별
시나이반도의 별
고비사막의 별
우유니 소금 바다의 별
파타고니아 고원의 별에 이어
텔루라이드 언덕의 별이
내 마음에 뜬다

많은 사람을 옳은 데로
돌아오게 하는 자는
영원토록 별과 같이 빛나리라

—「내 마음에 뜨는 별」 전문

다니엘서 12장 3절을 종장에 인용하고 끝을 맺는 이 시는 콜로라도의 산자락에서 밤별을 보는 화자의 마음의 행로이다. 시를 쓴다는 것은 정해진 시간과 공간에만 머무르는 게 아니다. 때로는 경계를 넘어 먼 나라로 가고 우주 속으로 발을 들이기도 한다. 정신만으로도 제 갈 길을 가며 영혼만으로도 누군가를 감싸 안는다. 이 시에서 화자는 별 하나만으로도 행복한 소년이 되어 소녀의 손을 잡고 킬리만자로와 고비사막과 텔루라이드 언덕을 유영한다. 일상의 삶에 충실할수록 생각은 멀리 가려 하고 꿈은 그 영역을 넓혀간다. 그 모든 과정이 시다.

별을 소재로 한 많은 시들이 있지만 이처럼 별에 대한 인식을 새롭게 하는 시는 많지 않다. 별이 하늘에서 빛난다고 생각하는 것은 일반인들의 평범한 생각이다. 밤송이 따듯 별빛을 딸 수 있고, 별빛을 딸 수 있는 망태기가 손안에 있다고 생각하는 것은 황성주의 독창적 사유다. 일상 가운데서 진실을 찾아내고 그것을 사랑하는 자에게 은총의 그물망이 씌우는 것을 경험해본 사람에게서 이러한 인식이 가능할 수 있다. 그러한 발견에 의한 시적 변주는 바라보는 별을 마음껏 누리려는 사람의 문법이라 할 수 있으며, 마침내 우주의 중심에 자기가 서 있다는 고백을 하기에 이른다. 그리고 “많은 사람을 옳은 데로/ 돌아오게 하는 자는/ 영원토록 별과 같이 빛나리라”는 전망을 제시한다. 별을 보는 자가 우주를 보는 자로, 나아가 옳은 데로 돌오게 하는 자로 확장되었으니 그러한 자의 인식은 별떨기처럼 선명하고 빛난다.

시 「텔루라이드」에도 이와 유사한 상황이 제시된다. 자작나무 사이로 맑은 별들이 다가오고 화자는 "자기성찰의 절대공간에서" 빛의 근원을 생각한다. 이러한 관찰이 이루어진 시점은 캄캄한 밤이다. 말하자면 캄캄한 곳을 다니는 인간의 삶에 대한 비유를 다분히 품고 있는 시간이다. 황성주는 조용한 음색으로 우리 삶에 근접해 있는 죽음을 이야기하고 그 죽음에 대한 성찰을 거쳐 어느새 "야곱의 사닥다리를 마음에 걸치"는 경이를 경험하는 자의 위치로 옮겨간다. 그의 시 도처에서 이러한 사유의 힘은 고통스럽고 어두운 세상에 대한 화자의 밝은 반응으로 뿜어져 나오는 것을 볼 수 있다. 아울러 이러한 거시적 조망을 보여주려고 하는 시선과 자세는 시집 전체에 관류하고 있다.

눈보라 치는 날
겨울 향적봉은 푸르기 그지없다
은빛 소나무가 서러움에 울고
영혼의 귀향길 같은
긴 행렬엔
비장함마저 서려 있다
두살배기 어린 아이도
엄마를 품고 나서는 겨울산행이다
가느다랗게 떨고 있는

하얀 가지들 위에
이슬처럼 맺힌 눈꽃이
땀방울로 보인다 지친 몸으로
손에 손잡고 사랑을 움켜쥐니
행복의 무게로
빙판이 된 눈길
모든 권리를 내려놓고
영혼을 맡기는 군상들이 부럽기만 하다
천하를 얻듯
정상에 선 평범한 사람들
얼어 터질 듯한 발가락과
땀이 젖은 손바닥엔
'봄볕'이라는 단어가 씌여져 있다

—「덕유산 향적봉」 전문

"눈보라 치는 날/ 겨울 향적봉은 푸르기 그지없다"라는 첫 구절은 여러 가지 상징적 의미를 띤다. 우선 '눈보라 치는 날'이라는 어감은 춥고 고되고 고적한 분위기를 조성한다. 그리고 이어지는 '겨울 향적봉은 푸르기 그지없다'는 말은 눈보라 사이로 화자가 걸어가는 모습을 연상케 하고 산 위에 은빛 소나무가 서러움에 울고 하얀 가지들이 가느다랗게 떨고 있으며 빙판이 된 눈길을 지나야 하는 시련이 있지만 그

것을 이겨내고야 만다는 반어적 문면을 함축적으로 드러내고 있다.

그리하여 정상인 “봄별”이라는 희망에 이르는 과정이 이 시의 의미구조다. 그 변화의 매개 역할을 하는 것이 산을 오르는 등반 과정이다. 신화적 상상력의 원형을 간직한 탐색의 등반 모티브는 정신의 변화를 형상화하는 기능을 수행하고 있다. 시인이 보여준 길 찾기의 과정은 일상적 삶의 한 국면이면서 신에게 도달하는 과정으로 자연스럽게 받아들일 수 있는 체험의 진실을 보여준다.

한 시인이 걸어온 길이 어찌 우연의 소산일 것인가? 하늘에 새와 달과 별의 길이 있듯 황성주는 자신만의 특별한 길을 걸어서 여기까지 왔다. 그 청신한 창조의 정신과 독자적인 길의 여정과 행로에 무욕의 축복이 깃들어 있다.

오랫동안 꿈속에서 유람하듯 자연인으로 세계를 다녔다. 자연에서 '경이로움'과 '타자성'을 경험했다.

해외에서 시어의 중심은 하늘꿈의 뿌리인 콜로라도였다. 콜로라도 스프링스와 크레스티드 뷰트, 텔루라이드, 아스펜이 마음의 고향이다. 그리고 또 다른 마음의 고향인 아프리카 특히 에티오피아와 우간다를 빼놓을 수 없다. 내겐 아프리카가 힐링의 공간이기도 하다. 자주 갔던 인도와 독일이 뒤를 이었다. 독특한 매력을 풍기는 지역이다. 동유럽, 남유럽, 중동, 중앙아시아, 남미에서도 편하게 시를 썼다. 특히 하와이 코나, 일본 아사히카와, 남미의 아마존과 파타고니아도 좋은 추억이 있는 곳이다

국내에서는 어머니와 관련된 금산과 담양이 중요했지만 삶의 무대였던 분당 일대가 시어의 중심이 되었다. 특히 등반을 자주 하던 불곡산과 청계산, 산책을 자주하던 탄천이 기억에 남는다. 최근 주거지인 양평 서후리와 횡성 둔내면도 감동이 있는 곳이다. 평소 자주 찾았던 설악산과 경포대

와 해운대, 아버지 고향 부근인 지리산과 섬진강, 그리고 문경 새재와 평창, 형이 살던 고흥 앞바다와 제주도 등도 영감의 원천이었다. 북녘 땅에서는 마식령과 금강산이 기억이 남는다.

2021년 겨울

황 성 주

황성주 시선집
내 마음에 뜨는 별

초판 1쇄 인쇄 / 2021년 12월 10일
초판 1쇄 발행 / 2021년 12월 20일

지은이 / 황성주
펴낸이 / 황학주
디자인 / 송남숙

펴낸곳 / 발견
등록일 / 2008년 9월 17일
등록번호 / 제2008-000165호
주소 / 서울시 중구 퇴계로 30길 24 삼익파크빌상가 101-1호
전화 / 02-2275-4212

ISBN : 978-89-6879-067-6 03810

• 잘못된 책은 구입한 서점에서 바꿔드립니다.
• 책값은 뒤표지에 있습니다.